Lectura

Scott Foresman

PEARSON

Scott Foresman

Conozcamos a la ilustradora de la portada
Maryjane Begin y su familia viven en Providence, Rhode Island, donde enseña a estudiantes universitarios y se dedica al arte. Muchas de sus ilustraciones, incluso las de lugares imaginarios, reflejan cosas de Providence.

ISBN: 0-328-26781-3

1 2 3 4 5 6 7 8 9 10 V063 15 14 13 12 11 10 09 08 07 06

Juntos aprendemos
Lectura
Scott Foresman

Autores del programa

George M. Blanco

Ileana Casanova

Jim Cummins

George A. González

Elena Izquierdo

Bertha Pérez

Flora Rodríguez-Brown

Graciela P. Rosenberg

Howard L. Smith

Carmen Tafolla

PEARSON

Scott Foresman

Oficinas editoriales: Glenview, Illinois • Parsippany, Nueva Jersey
Nueva York, Nueva York
Oficinas de ventas: Boston, Massachusetts • Duluth, Georgia • Glenview, Illinois
Coppell, Texas • Sacramento, California • Mesa, Arizona

Juntos aprendemos

El papalote
Alma Flor Ada
Ilustraciones de Viví Escrivá

Cuentos para empezar
EL LEON
Y EL RATON

Aprende cada día
cosas que no sabías.

Juntos aprendemos

¿Qué aprendemos cuando hacemos algo juntos?

¡Vaya guiso!

por B.G. Hennessy

ilustrado por Christine Davenier

¡Vaya desastre!
¿Quién lo hizo?
Vamos a ver
quién pudo ser.

11

Hay un reguero en el pasillo.
Vamos a ver si fue el gatito.

¡Qué desastre!
¡Qué gran guiso!
Vamos a ver quién lo hizo.

¿Lo hizo la perra al dar vueltas?
¡Pero si no está despierta!

Pues ya sabemos quién fue.
Vaya, vaya. ¡Fue el bebé!

El bebé sigue jugando.
La pelota va a salir volando.

¡Todo limpio!
¿Quién lo hizo?
Vamos a ver.
¿Quién pudo ser?

La gallina Paulina

por Fernando Alonso

ilustrado por Gerardo Suzán

La gallina Paulina picoteaba
en el corral. Picoteaba por aquí,
picoteaba por allá.

Buscaba comida para sus pollitos.

La gallina encontró un grano
de trigo.

—Con un granito no puedo
alimentar seis pollitos. Pero si
lo siembro, ¡todos comeremos!

Paulina pidió ayuda a sus
vecinos:

—¿Quién me ayuda a sembrar
este grano de trigo?

—Yo no puedo —dijo Pato Torcuato—.
Tengo que ir a nadar.

—Yo tampoco —dijo Pavo Cansado—.
Tengo que descansar.

23

La gallina Paulina sembró el
granito. Cuando nació la mata
de trigo, la regó y la cuidó.

Pasados muchos días, a la mata
le salieron hermosas espigas.

Y Paulina pidió ayuda a sus vecinos para recoger el trigo.
Pero sus vecinos no la ayudaron.

Después de recoger el trigo,
Paulina preguntó:
—¿Quién me ayuda a llevar el
trigo al molino?

28

—No puedo —dijo Pato Torcuato—.
Tengo que ir a nadar.

—Yo tampoco —dijo Pavo Cansado—.
Tengo que descansar.

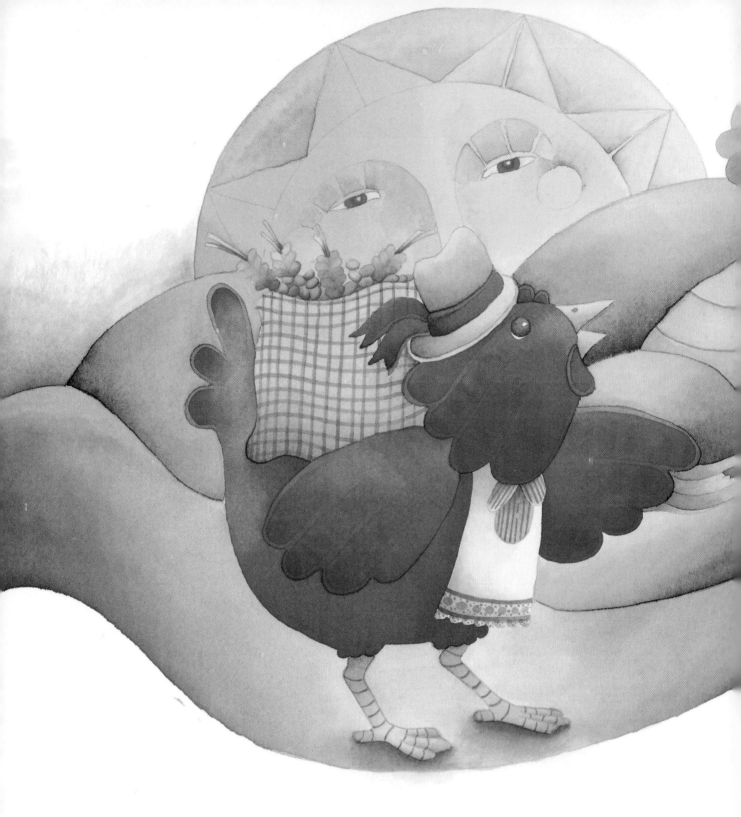

—Pues lo llevaré yo —dijo Paulina.

Y, pasito a paso, la gallina
se fue al molino con un saco
de trigo al hombro.

El molinero molió el trigo. Y entregó a Paulina una bolsa de harina.

La gallinita regresó a casa
muy contenta, contentísima.

Con la harina preparó un pastel.

Y lo metió en el horno.

Al poco rato salía del horno
un olor delicioso.

Al sentir el olorcito del pastel,
los vecinos se acercaron y dijeron:
—¿Te ayudamos a comer el pastel?

La gallinita respondió:

—Cuando había que trabajar,
ustedes se fueron a nadar
y a descansar.

Y Paulina continuó diciendo:

—Sola sembré el grano, sola recogí las espigas y sola fui al molino.

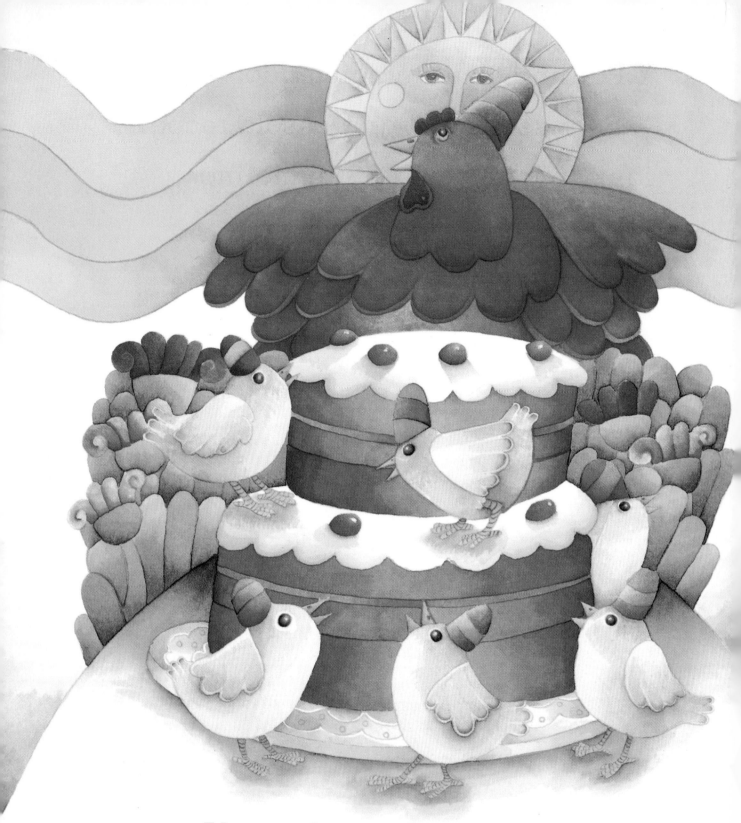

—Ahora el pastel será ¡para
mis pollitos! Pollitos, hijos
míos, ¡a comer!

Conozcamos al autor

Fernando Alonso nació en España. Era muy curioso de niño. A él le gustaba jugar con las palabras. El señor Alonso escribe para compartir con los demás las cosas que ve.

Conozcamos al ilustrador

Gerardo Suzán es mexicano, y siempre le gustaron los libros. Hoy es muy feliz porque trabaja haciendo algo que disfruta. Cuando hace sus dibujos, trata de pensar como un niño.

Hablemos

Imagina que eres la gallina Paulina. ¿Compartirías el pastel? ¿Por qué?

Del trigo al pastel

La gallina Paulina hizo muchas cosas al preparar el pastel. Haz una lista de las cosas que hizo.

¿Qué cosas hay?

Un **nombre** es una palabra que nombra a una persona, una cosa, un animal o un lugar. Hay nombres masculinos y femeninos. Muchas veces llevan las palabras **el, la, un** o **una** delante.

La **gallina** trabaja.

El **niño** escribe.

Habla

Mira los dibujos de esta página. Nombra a las personas, animales y cosas. Di oraciones con esos nombres.

Escribe

Escribe algo sobre el cuento de la gallina Paulina. ¿Qué nombres vas a usar?

El niño dibuja la noche

por Diana Torello

ilustrado por Asun Balzola

—¡Quiero la noche! —dijo
el niño.

Y la noche bañó todo el papel.

—¡Quiero una luna! —dijo
el niño.

Y una luna de leche pintó
esta vez en el papel.

—¡Quiero un gato en un
techo! —dijo el niño.

Y un gato en un techo pintó
esta vez en el papel.

—¡Quiero una vaca chiquita!

—dijo el niño.

Y una vaca chiquita bailó esta
vez en el papel.

—¡Quiero una chiva con
una moña! —dijo el niño.

Y una chiva con una moña
saltó esta vez en el papel.

—¡Quiero ese dibujo! —dijo
mamá.

—Y puedo hacer muchos más
—dijo el niño.

El papalote

por Alma Flor Ada

ilustrado por Viví Escrivá

¡Qué bueno!

Mamá decidió hacernos un papalote
como los que le hacía a ella su papá
cuando era chiquita.

¡Qué pena!

Mamá realmente no sabe
hacer papalotes.

¡Qué bueno!

Mamá ha decidido aprender.

¡Qué pena!

Es mucho más complicado
de lo que parece.

¡Qué bueno!

Mamá no se dio por vencida.

¡Qué bonito papalote!

¡Qué pena!

Llueve a cántaros y no podemos
ir a volar el papalote.

¡Qué bueno!

Hoy hace un día magnífico y,
por fin, podremos ir a volar
nuestro papalote.

¡Qué pena!

El hilo se ha roto y el
papalote se ha perdido.

¡Qué bueno!

Mamá ha decidido que podemos
tratar de encontrarlo.

¡Qué pena!

¡No lo encontramos
por ninguna parte!

¡Qué bueno!

¡Miren lo que hay aquí!

¡Un gatito sin hogar!

¡Qué pena!

Mamá dice que no podemos

llevárnoslo a casa.

¡Qué bueno!

La convencimos…

Conozcamos
a la autora

Alma Flor Ada nació
en Cuba. Su familia contaba
cuentos maravillosos. Por eso
le gusta leer y escribir libros
para niños. Ella tiene cuatro
hijos, como la mamá de
El papalote.

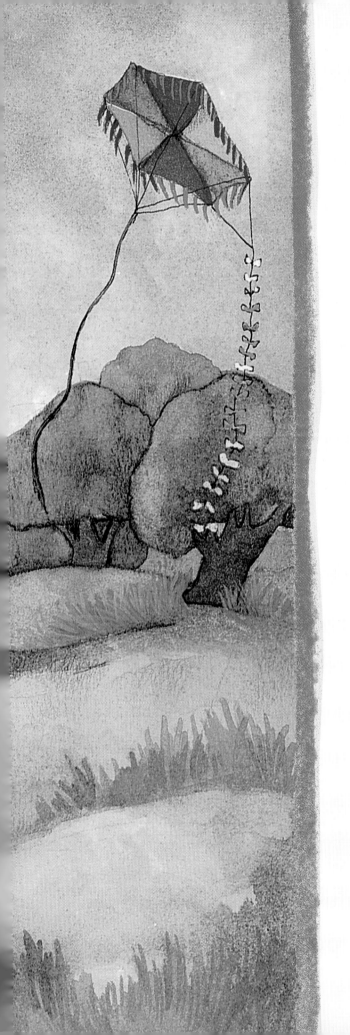

Conozcamos a la ilustradora

Viví Escrivá ama el arte. Ella es pintora, como su mamá y su papá. Durante su niñez en España, jugaba con lápices y papel en vez de juguetes.

Hablemos

¿Crees que el cuento es triste o alegre? ¿Por qué?

Haz un papalote

1

Recorta un papalote de cartulina de colores.

2

Pégale estambre con lacitos de papel.

3

Escribe tu nombre en el papalote.

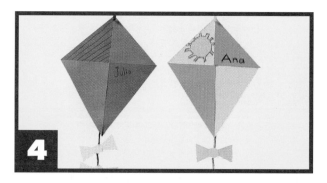

4

Cuelga el papalote en la pared.

¿Cuántos necesitamos?

Un nombre puede decir que hay más de una cosa. Añade **-s** o **-es** para nombrar más de una. Añade **-s** a los nombres que terminan en vocal. Añade **-es** a los nombres que terminan en consonante.

una **cartulina**   dos **cartulinas**

un **marcador**   dos **marcadores**

Habla

¿Qué hay en tu clase? ¿Qué palabras nombran más de uno?

Escribe

Cuenta el cuento del papalote. Escribe cada palabra que nombre más de uno.

Un perro llamado Coco

por Deborah Eaton
ilustrado por Shelly Hehenburger

Yo soy Camilo.

Éste es mi perro, Coco.

¡Cómo nos gusta jugar!

Coco es de color café.
A veces lo peino.
¡Cómo le gusta!

Coco corre conmigo.

Paseamos juntos por las calles.

A Coco le gusta correr.

Coco juega lleno de alegría.
Lanzo un palo y me lo trae.
Le digo: —¡Muy bien, Coco!

A Coco le gusta comer.
Yo sé cuál es su comida
favorita. Le compro ricas
galletas.

Es de noche, hora de dormir.

Coco quiere subir a la cama.

Lo conozco bien.

A veces Coco
sube a mi cama.
Allí duerme
como un bebé.

Coco es un buen amigo. ¡Cuánto cariño nos tenemos!

El león
y el ratón

por Mary Lewis Wang

ilustrado por Tom Dunnington

versión en español de Lada Josefa Kratky

El ratoncito salió
corriendo de su casa.

Quería divertirse.

Se le subió al león.

Se bajó del león.

—¡Basta! —dijo el león—.

Ya no puedes jugar, ratón.

Ahora, te voy a comer.

El ratoncito dijo:

—¡Suéltame!

El león dijo: —Puede que sí.
Puede que no. Los leones
deciden. Y yo digo que no.

—León —dijo el ratón—, un ratón no sirve para comer. Suéltame, león. Yo te ayudaré. Yo te haré un favor.

—¿Tú, ayudar a un león? —dijo
el león—. ¿Un ratoncito como tú?
Los leones somos ta-a-a-an grandes.
¿Qué puede hacer un pequeño ratón?

El ratoncito dijo:

—Suéltame, león, y verás.

El león no le creía. Pero le gustaba el ratoncito.

El león dijo: —Puede que sí.

Puede que no. Los leones deciden.

Y yo digo… ¡vete!

Y el ratoncito se fue.

Cuando el ratoncito salió
corriendo de su casa otro día,
vio al león en una red.
El león no podía salir.
—¡Socorro! ¡Socorro! —dijo
el león.

El ratoncito corrió hacia el león.

Se puso a roer la red.

Royó, royó, royó.

La red se cayó.

El león salió.

El feliz león dijo: —Eres
una gran ayuda. Eso es lo
que digo yo.

Dijo el ratón: —Un ratoncito
puede ser grande también,
¿no?

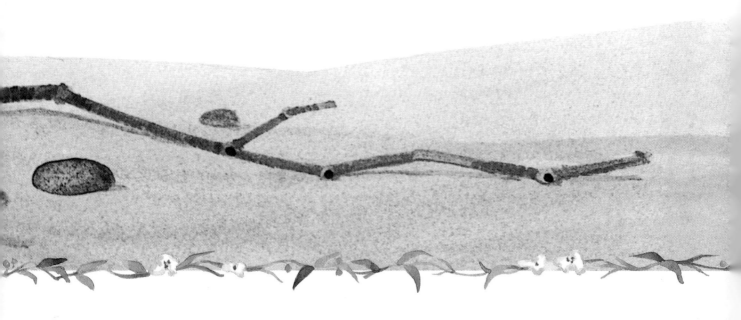

Conozcamos a...

...la autora

Mary Lewis Wang tiene tres hijos que leen mucho. Al igual que el ratoncito del cuento, son pequeños, pero la ayudan con ideas para sus cuentos.

...el ilustrador

Tom Dunnington es maestro de arte e ilustrador. Le gusta pintar animales. Pintó una serie de cuadros de pájaros en peligro de extinción.

...la traductora

Lada Josefa Kratky es de Uruguay, y ahora vive en California. Escribe versiones en español de muchos cuentos para que más niños puedan leerlos.

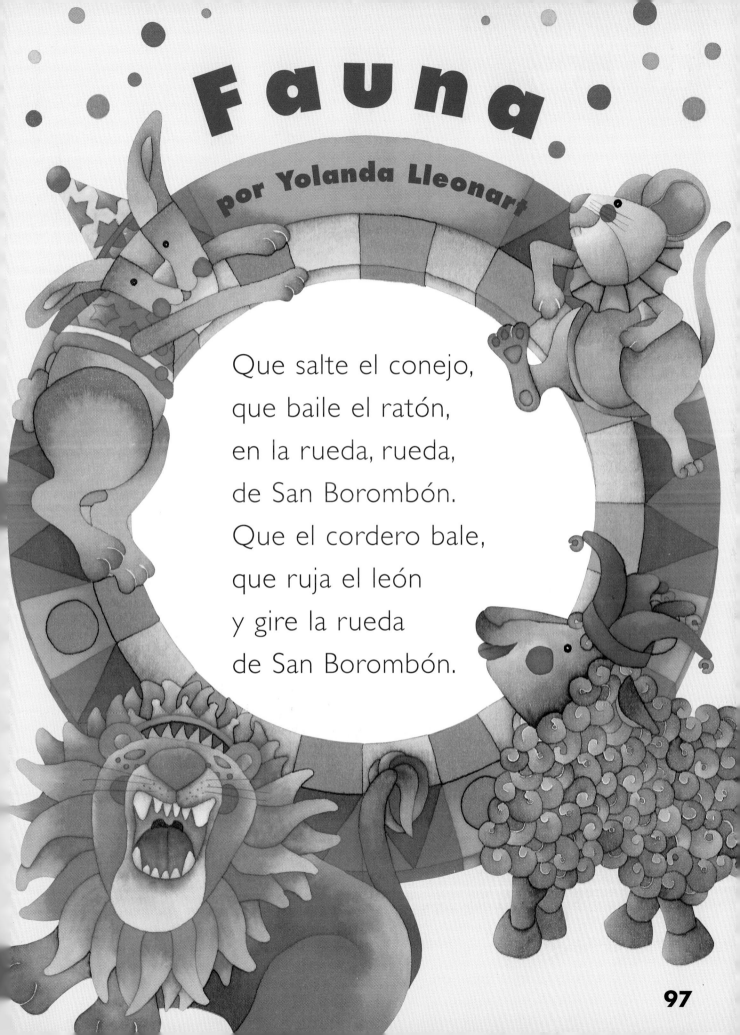

Fauna

por Yolanda Lleonart

Que salte el conejo,
que baile el ratón,
en la rueda, rueda,
de San Borombón.
Que el cordero bale,
que ruja el león
y gire la rueda
de San Borombón.

Reacción del lector

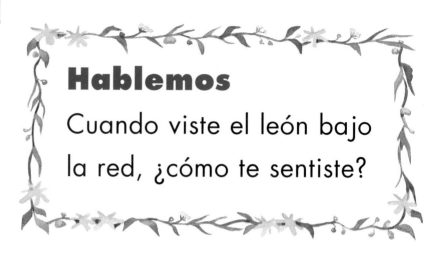

Hablemos

Cuando viste el león bajo la red, ¿cómo te sentiste?

Haz un dibujo

¿Alguna vez ayudaste a alguien más grande que tú?

1. Haz un dibujo de lo que pasó.
2. Escribe una oración y di lo que pasó.

Ayudé a mi abuelo con la computadora.

Todos ayudamos

Los **nombres propios** de las personas
y los lugares se escriben con mayúscula.

Yolanda ayuda a su maestra.
La escuela está en la calle **Central**.

Habla

¿Cómo te llamas?
¿Quiénes trabajan en
tu escuela? Di algunos
nombres.

Escribe

Envía una tarjeta a
alguien que te ha
ayudado. Escribe tu
nombre y el de esa
persona.

Una máquina, un trabajo

por Guadalupe V. López

Él usa una máquina
para hacer un juguete.

Este niño puede jugar;
¡es casi un jinete!

Ella usa una máquina
para tejer su tejido.

Así quedó su tejido
que es bello y colorido.

Él usa una máquina
para su jugo de cada mañana.

Jugo de naranja,
de piña y de manzana.

En la casa y en el trabajo,
¡hay un mundo de aparatos!

Las comunidades

por Gail Saunders-Smith

Los policías nos
protegen.

Los médicos protegen nuestra salud.

Los maestros nos ayudan a aprender.

Los entrenadores
nos enseñan a jugar.

Los veterinarios cuidan a nuestras mascotas.

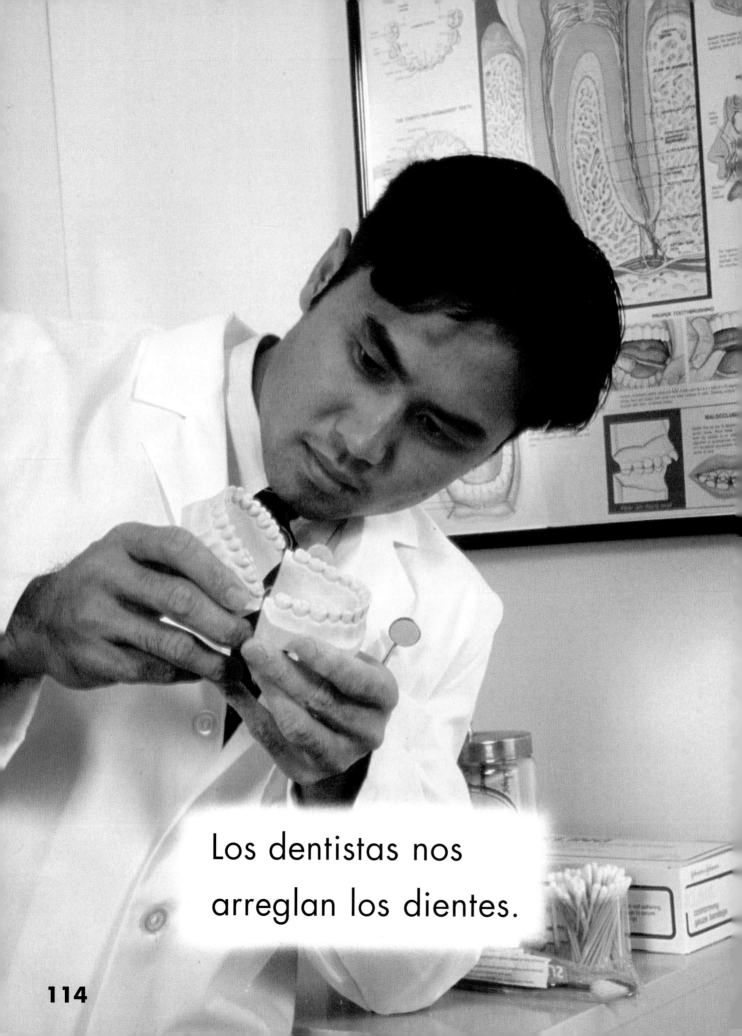

Los dentistas nos
arreglan los dientes.

Los bomberos protegen
nuestras casas.

Los carteros nos
traen las cartas.

Los trabajadores de construcción construyen nuestras carreteras.

Palabras nuevas

bombero—persona que sabe apagar fuegos

cartero—persona que reparte y recoge las cartas

dentista—persona que sabe examinar y arreglar los dientes

entrenador—persona que enseña a jugar a un equipo

maestro—persona que sabe enseñar a los demás a hacer algo

médico—persona que sabe curar y ayudar a la gente a mantenerse sana

policía—persona que sabe hacer respetar las leyes

trabajador de construcción—persona que construye edificios o carreteras

veterinario—persona que sabe tratar a animales enfermos o heridos

Conozcamos a la autora

Gail Saunders-Smith ha escrito muchos libros informativos para jóvenes lectores. Como ya sabes, ella ha escrito sobre las comunidades. También ha escrito sobre la naturaleza y los animales.

Soy un trabajador

Elige un trabajo. Explica lo que haces. ¿Por qué es importante tu trabajo?

Hablemos

Leíste acerca de unos trabajadores. ¿Qué trabajadores te han ayudado más? Explica cómo te ayudaron.

Mamá, la Dra. Flores

Delante del nombre de una persona a veces hay un **título.**

Un título empieza con letra mayúscula al escribirlo en forma corta.

Algunos títulos terminan con punto **.** .

Mi mamá es la **Dra.** Ana Flores.

Mi papá es el **Sr.** Joel Flores.

Sr. Marcos López

Dra. Ana Flores

Sra. Meilín Kao

Alcalde Luis Corrada

Srta. Sara Rovira

Sr. Roberto García

Sra. Patricia Gómez

Habla

¿Qué títulos hay en la lista?

¿Qué te dice el título sobre la persona?

Escribe

¿Quién trabaja en tu escuela?

Haz una lista de personas.

Escribe su título delante de su nombre.

Rafi
el rey gigante

por Elena Castro 🌸 ilustrado por David McPhail

Rafi es un rey gigante.

Vive solo en una casa roja.

Él es rico pero le falta algo.

Rafi es el rey de mucha gente.

Pero Rafi no tiene amigos.

Rafi tiene una rosa y un girasol.

Pero no tiene amigos.

Rafi tiene una rana y un
ratoncito. Pero no tiene amigos.

Un día Rafi invitó a toda
la gente a su casa roja.

Rafi es un rey bueno.

Es bueno con su gente.

¡Ya tiene muchos amigos!

Zorro y Osa
miran la luna

por David McPhail

Zorro y Osa estaban sentados.

—Mira —dijo Osa—.

Mira la luna.

—Qué grande se ve —dijo Zorro.

—Tienes razón —dijo Osa—.

Se ve grande y gorda.

Zorro se durmió.

Osa se sentó.

Osa miró la luna.

La luna se movió.

Osa despertó a Zorro
con una palmadita.

—Mira, Zorro —dijo Osa—.

¡Se fue la luna!

Zorro se sentó y miró.

—¿Adónde se fue? —preguntó Zorro.

—Tal vez se cayó —dijo Osa.

Zorro miró hacia abajo.

Y allí estaba la luna, en el río.

—Sí, hay que sacarla —dijo Zorro—.
¡Allá voy!

—Mira —dijo Osa—.

¡La luna regresó! ¡Qué bueno!

—Yo la saqué —dijo Zorro.

—Tienes razón —dijo Osa.

Osa le dio una palmadita
en la espalda.

—¡Bravo, Zorro! —le dijo.

Conozcamos al autor e ilustrador

David McPhail dice: "Dibujo desde que era niño". El señor McPhail cuenta que dibujaba "en cualquier lugar, a cualquier hora y en cualquier cosa". Su pasión por el dibujo a veces le causó problemas. ¡Aprendió que no se debe dibujar en las paredes!

Muchos de los libros del señor McPhail tienen animales. Le gusta mucho dibujar osos.

Hablemos

Zorro dice que la luna se ve grande y gorda. ¿Crees que la luna siempre se ve igual? ¿Por qué?

Escribe un cuento

Piensa en lo que harán Zorro y Osa al final del cuento.

1. Escribe lo que hacen.

2. Haz un dibujo para acompañar el cuento.

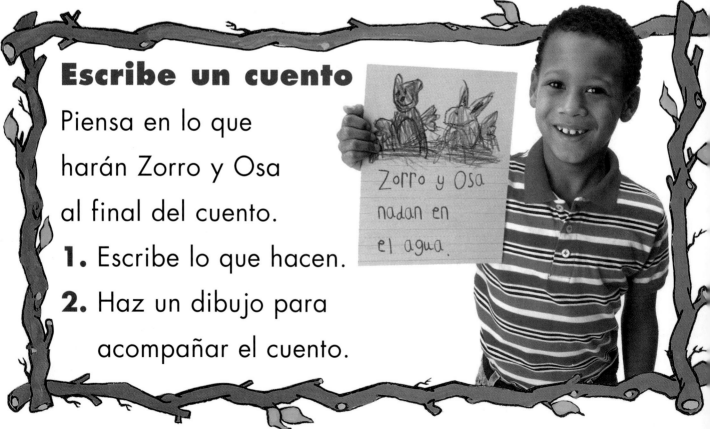

Zorro y Osa nadan en el agua.

Somos amigos

Un **nombre** puede aparecer en la parte que nombra o en la parte de acción de una oración.

parte que nombra   **parte de acción**

↓   ↓

| La **niña** | lanza la **pelota.** |

Habla

Habla sobre un amigo o amiga. ¿Qué tiene tu amigo o amiga de especial? ¿Qué le gusta hacer?

Escribe

Escribe sobre un amigo o amiga. Explica cómo es.

Kiko lee

por Robert y Estella Menchaca

ilustrado por Ana Lartitigui

Kiko caminaba por todas partes
porque no sabía qué hacer.

Encontró un kilo de libros
y se puso a leer.

Sus amigos vinieron

a jugar y a correr.

Kiko jugó un ratito

y volvió a leer.

Una tarde se nubló
y empezó a llover.
Hasta con su gatito,
Kiko se puso a leer.

Mamá le hizo tortillas
y carne para comer.
Kiko comió un poquito
y volvió a leer.

Un día Kiko se puso enfermo
y en la cama se tuvo que meter.
Kiko descansó un poquito
y volvió a leer.

Kiko ya no se siente solo,
porque ahora sabe qué hacer.
Saca su kilo de libros
y se pone a leer.

Me gusta leer

por Liliana Santirso

ilustrado por Joe Cepeda

Me gusta leer de todo
y en todas partes:

Libros y revistas

de ciencia y de aventuras,

historietas con héroes
y villanos,

algunas noticias del periódico,

recetas de cocina,

folletos, anuncios,
papelitos, cartas de amor
y mensajes con secretos.

Por eso leo en el camión
rumbo a la escuela,

en vacaciones,

en los juegos del parque,

en todos los rincones de mi casa

y hasta a escondidas
en el salón de clases.

Conozcamos a la autora y al ilustrador

Liliana Santirso

Liliana Santirso nació en Argentina. Ahora vive en México. Allí es dueña de una empresa que hace libros. Como a la niña de *Me gusta leer,* a ella le encanta leer y también escribir.

Joe Cepeda

Cuando el señor Cepeda era niño, le gustaba leer libros de ciencia ficción. Dice que al crear una ilustración usa sus emociones y sus ideas. ¡Y se siente como si estuviera jugando un juego!

Pájaro carpintero

por Gilda Rincón

Pájaro carpintero,
picamadero,
cuánto me cobra usted
por un librero.

Hablemos

A la niña del cuento le gusta leer muchas cosas. ¿Qué te gusta leer a ti?

Lugares donde leer

Busca en una revista fotos de lugares donde te gustaría leer.

Recórtalas y pégalas en una hoja de papel. Escribe una oración en la hoja.

Me gusta leer en la playa y en mi cuarto. Luis

172

¿Qué día del mes es?

Los días de la semana y los meses del año se escriben con minúscula.

Los **domingos** vamos a la playa.

Leí un cuento divertido el **martes.**

En **diciembre** me regalan libros.

Habla

Di en qué lugar de la casa te gusta leer. ¿Qué día de la semana lees más?

Escribe

Escribe una carta a un familiar. Ponle la fecha. Escribe lo que haces los sábados y domingos.

Leamos juntos

En los exámenes

Comprender la pregunta

Algunas preguntas de examen comienzan con *Quién, Por qué, Dónde* o *Cuándo*. Estas palabras te ayudan a comprender qué te están preguntando.

Un examen sobre *Las comunidades* podría tener esta pregunta.

1. ¿Quién ayuda a las mascotas cuando están enfermas?

Ⓐ un entrenador

Ⓑ un veterinario

Ⓒ un hospital

Lee la pregunta.
La palabra importante es *Quién*.
Esta palabra te ayuda a comprender la pregunta.

Así fue como una niña se aseguró de comprender la pregunta.

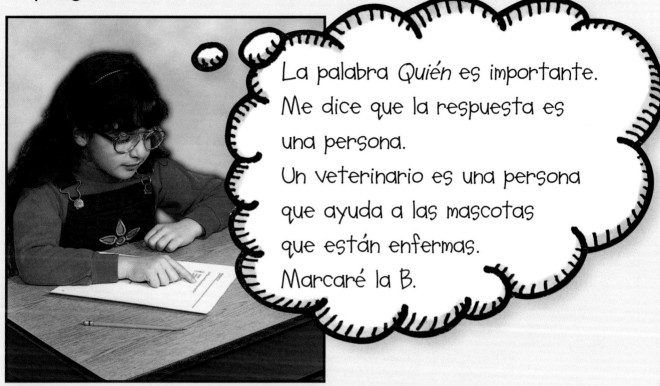

La palabra *Quién* es importante.
Me dice que la respuesta es
una persona.
Un veterinario es una persona
que ayuda a las mascotas
que están enfermas.
Marcaré la B.

¡Inténtalo!

Usa lo que has aprendido para responder esta pregunta acerca de *Las comunidades.*
Di cuál es la palabra importante de la pregunta.

2. ¿Quién nos ayuda a aprender en la escuela?

A el libro

B el médico

C el maestro

Glosario ilustrado
Las cosas que hacemos

alimentar

llevar

cargar

dormir

leer

176

transportar

remolcar

construir

traer

hablar

escuchar

saltar

limpiar

Pizza

177

Glosario ilustrado
Otras cosas que hacemos

dibujar

llorar

cantar

besar

oír

¡Me puedo reír!

abrazar

amar

estornudar

lavar

peinar

cepillar

vestir

abotonar

amarrar

comer

beber

alimentar

curar

compartir

bailar

Glosario ilustrado
Otras cosas que hacemos

zambullirse →

← pescar

← navegar

remar ↓

↑ nadar

vigilar →

brincar →

← salpicar

descansar

patear

doblarse

hacer ejercicio

columpiarse

agarrar

lanzar

rebotar

elevar

saltar

correr

patinar

montar

llevar

tabla

181

Glosario ilustrado
En la cocina

cortinas

silla

mesa

ventana

pared

mercado

puerta

piso

bolsa

lata

tapete

escoba

tostadora

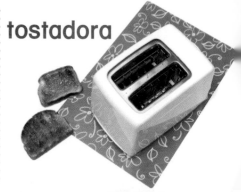

microondas

estufa

refrigerador

sartén

teléfono

horno

delantal

cartas

lavaplatos

cepillo

esponja

reloj

vela

periódico

PERIODICO

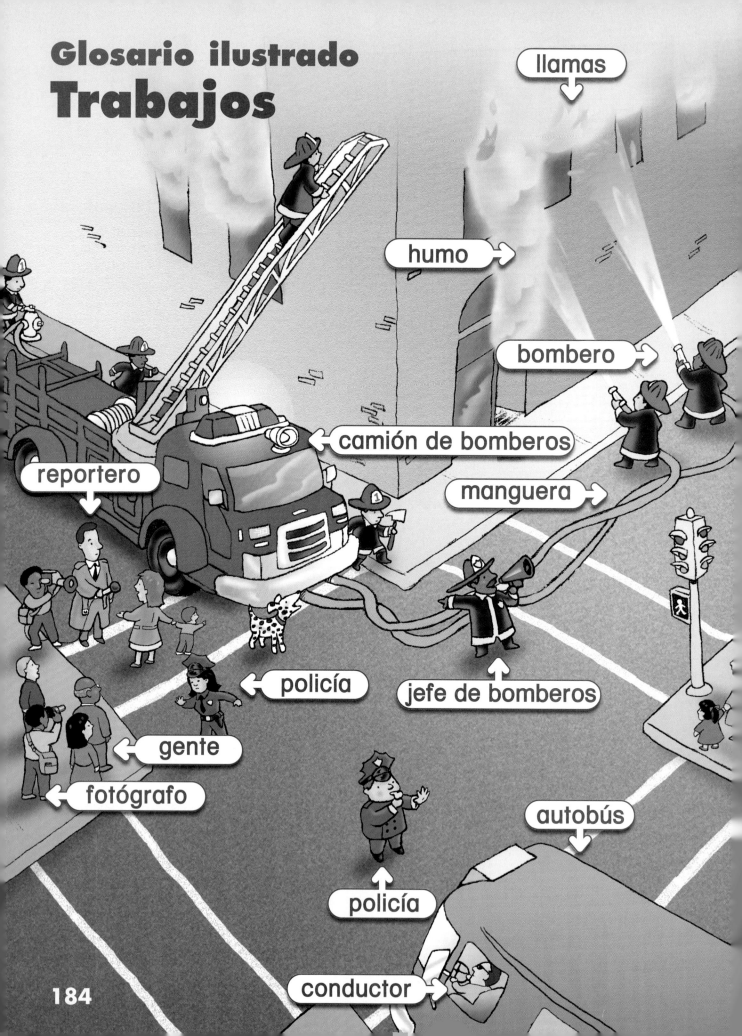

Glosario ilustrado
Trabajos

llamas

humo

bombero

camión de bomberos

reportero

manguera

policía

jefe de bomberos

gente

fotógrafo

autobús

policía

conductor

dentista

pintor

electricista

panadero

Peluquería

enfermera

peluquero

cajera

carpintero

recolector de basura

plomero

payaso

vendedor

barrendero

cartera

185

Glosario ilustrado
En la escuela

reloj

tablero

tablero de anuncios

borrador

caballete

libro

maestra

bandera

cartel

casillas

librero

computadora

bloques

mochila

silla

186

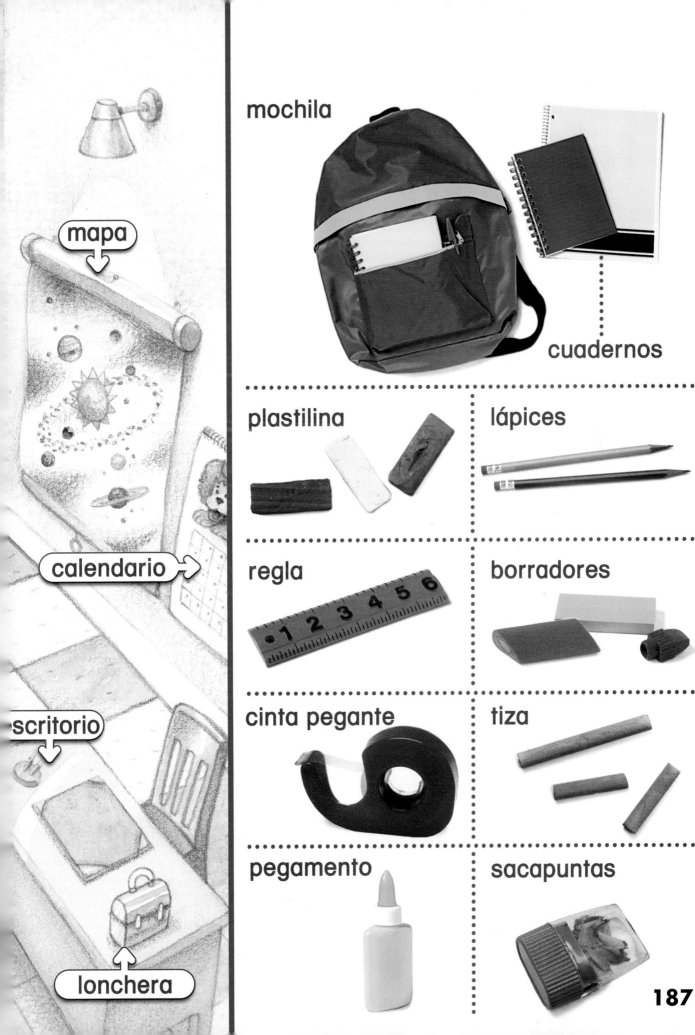

mapa

calendario

scritorio

lonchera

mochila

cuadernos

plastilina

lápices

regla

borradores

cinta pegante

tiza

pegamento

sacapuntas

187

Glosario ilustrado
Meses y feriados

¿Cuál es tu estación favorita? ¡A mí me encanta el invierno!

enero

Año Nuevo

febrero

Día de San Valentín

marzo

abril

mayo

junio

188

julio

Cuatro de Julio
Día de la Independencia

agosto   septiembre

octubre

noviembre

Acción de Gracias

diciembre

Kwanzaa

Navidad

Hanukkah

Palabras evaluadas

¡Vaya guiso!

La gallina Paulina

fue
guiso
pues
vamos
ver

El niño dibuja la noche

El papalote

chiquito
hacer
niño
papel
vez

Un perro llamado Coco

El león y el ratón

allí
comer
cual
digo
favor
lleno

Una máquina, un trabajo

Las comunidades

casi
ella
jugar
que
su

Rafi, el rey gigante

Zorro y Osa miran la luna

abajo
algo
bueno
en
gente
rey

Kiko lee

Me gusta leer

hasta
kilo
partes
porque
tarde

Acknowledgments

Text

Page 18: *La gallinita Paulina* by Fernando Alonso. Illustrated by J. M. Gimeno. Text copyright © 1995 by Fernando Alonso. Illustration copyright © 1995 by J. M. Gimeno. Reprinted by permission of Santillana USA.

Page 50: *El papalote* by Alma Flor Ada. Illustrated by Viví Escrivá. Text copyright © 1995 by Alma Flor Ada. Illustration copyright © 1992 by Viví Escrivá. Reprinted by permission of Santillana USA.

Page 76: *El león y el ratón* by Mary Lewis Wang. Illustrated by Tom Dunnington. Text copyright © 1988 Mary Lewis Wang. Illustration copyright © 1988 Tom Dunnington. Reprinted by permission of Grolier Publishing Company.

Page 97: "Fauna" by Yolanda Lleonart from *Quiquiriquí, cocorocó* by David Santiago. Spanish text copyright © Yolanda Lleonart. Reprinted by permission.

Page 108: *Communities* by Gail Saunders-Smith, pp. 5, 7, 9, 11, 13, 15, 17, 19, & 21-22. Copyright © 1998 by Pebble Books, an imprint of Capstone Press. Reprinted by permission of Capstone Press.

Page 152: *Me gusta leer* by Liliana Santirso. Illustrated by Leonid Nepomniachi. Text copyright © 1991 Liliana Santirso. Illustration copyright © Leonid Nepomniachi. Reprinted by permission.

Page 171: "Pájaro carpintero" by Gilda Rincón from *Costal de versos y cuentos*. Spanish text copyright © Gilda Rincón. Reprinted by permission of the author.

Artists

Maryjane Begin, cover, 8-9
Christine Davenier, 10 - 17
Gerardo Suzán, 18 - 43
Joan Paley, 42 - 43
Asun Balzola, 44 - 49
Viví Escrivá, 50 - 65
Bari Weissman, 67
Shelly Hehenburger, 68 - 75
Tom Dunnington, 76 - 96, 98,
María Eugenia Jara, 97
Judith Pfeiffer, 99
Eileen Mueller-Neill, 121
David McPhail, 122 - 142
Anastasia Mitchell, 142, 143
Ana Lartitigui, 144 - 151
Joe Cepeda, 152 - 170
Jennifer Hewitson, 171
Liisa Chauncy Guida, 172 - 173

Photographs

Page 6 Richard Hutchings for Scott Foresman
Page 42 Allan Penn Photography for Scott Foresman
Page 66 Allan Penn Photography for Scott Foresman
Page 98 Allan Penn Photography for Scott Foresman
Page 101 © 1993, Tom Grill, Comstock, Inc.
Page 102 Allan Penn Photography for Scott Foresman
Page 103 © Bob Daemmrich
Pages 104-105 Allan Penn Photography for Scott Foresman
Page 106 Allan Penn Photography for Scott Foresman
Page 107 (T) © Index Stock Imagery/Lauree Feldman, 1997; (CR) © Robert Frerck/Odyssey/Chicago; (CL) Allan Penn Photography for Scott Foresman
Page 108 (TL) Arthur Tilley/FPG International Corp.; (TR) Tom Tracy/FPG International Corp.; (BL) James Blank/FPG International Corp.; (BR) Elizabeth Simpson/FPG International Corp.
Page 109 Michael Nelson/FPG International Corp.
Page 110 Mike Malyszko/FPG International Corp.
Page 111 Arthur Tilley/FPG International Corp.
Page 112 Andrew Farquhar/Valan Photos
Page 113 Elizabeth Simpson/FPG International Corp.
Page 114 Tom McCarthy/Unicorn Stock Photos
Page 115 Tom Tracy/FPG International Corp.
Page 116 James Blank/FPG International Corp.
Page 117 Bill Losh/FPG International Corp.
Page 119 (CC) Courtesy Gail Saunders-Smith; (TL, TR, TLC, CL, BR) PhotoDisc, Inc.; (TRC) Shock/Stock Imagery, Inc.; (CR) J. A. Wilkinson/Valan Photos; (BL) Tony Joyce/Valan Photos
Page 141 Richard Hutchings for Scott Foresman
Page 172 Allan Penn Photography for Scott Foresman